Neive Noguero

Meio Ambiente

Neive Noguero

Meio Ambiente

Um olhar do amor de Deus

CREDO EDICIONES

Imprint
Any brand names and product names mentioned in this book are subject to trademark, brand or patent protection and are trademarks or registered trademarks of their respective holders. The use of brand names, product names, common names, trade names, product descriptions etc. even without a particular marking in this work is in no way to be construed to mean that such names may be regarded as unrestricted in respect of trademark and brand protection legislation and could thus be used by anyone.

Cover image: www.ingimage.com

Publisher:
CREDO EDICIONES
ist ein Imprint der / is a trademark of
Dodo Books Indian Ocean Ltd., member of the OmniScriptum S.R.L Publishing group
str. A.Russo 15, of. 61, Chisinau-2068, Republic of Moldova Europe
Printed at: see last page
ISBN: 978-613-2-64693-4

Sumário

Prefácio

Uma mensagem de WhatsApp

Tempos modernos onde quase tudo é resolvido ou compartilhado pelo WhatsAp, recebi do amigo paroquiano Neive Noguero a responsabilidade de fazer a abertura de seu livro. Preenchi-me de gratidão para que o dever a mim confiado me permitisse escrever estas poucas linhas para que o leitor mergulhasse em tamanha obra de arte, este livro.

Podemos iniciar citando que a Bíblia é um grande livro ou podemos dizer ainda que é o maior livro da Vida. Uma obra de muitos séculos de história, de sabedoria e espiritualidade. Resumindo lendas, mitos e religiosidade de muitas culturas milenares, a Bíblia se transformou num livro que tem orientações sábias para o ser humano, não apenas no campo da espiritualidade, mas igualmente no campo da política, da economia, da justiça social e da relação do ser humano com a ecologia e com o meio ambiente.

Um leitor comum, não muito familiarizado com a teologia ou as ciências quânticas, irá perguntar: o que a Bíblia pode dizer para a ecologia e para o meio ambiente? Um livro de histórias, memórias, tradições e culturas orientais tão antigo, teria alguma contribuição para uma ciência tão recente quanto o estudo do meio ambiente e da ecologia? Mas o leitor pode ficar tranquilo: não quero ir além, em tais considerações até mesmo porque é um livro de fácil acesso a todos, onde nos deliciaremos para aprender junto ao autor sobre as maravilhas de Deus.

Antes de ver o que a Bíblia fala, é importante salientarmos alguns elementos de ecologia e meio ambiente da realidade atual de forma a fazer algumas considerações sobre a relação do ser humano com o meio ambiente. As transformações pelas quais passa o planeta, muitas delas resultantes da falta de cuidado direto do homem para com o ecossistema, indicam que a relação do ser humano com o meio ambiente deixou de ser uma preocupação para tornar-se uma questão de sobrevivência. A mídia apresenta catástrofes, calamidades, perigos presentes e futuros relacionados com a má utilização dos recursos naturais, o uso inadequado de produtos químicos e biológicos, a busca desenfreada pelo enriquecimento fácil: situações que denotam a fragilização humana diante da perda de valores, moral e ética, para com o próprio ser humano e para com o planeta. Por isso o autor traz de forma tranquila e bem clara numa forma até mesmo orante para que compreendamos o valor e o sentido de tudo isso neste belo livro que tive a honra de escrever estas poucas linhas.

A preocupação cristã com o meio ambiente vai além da simples preservação ou economia de recursos, posto que, como cristãos, somos responsáveis por apresentar um Evangelho vivo, capaz de renovar o ser humano, mediante ações sustentáveis de cuidado com a saúde e o meio ambiente. Neste contexto, desejo a você querido leitor uma boa e tranquila leitura e assim como São Paulo possamos dizer: "Fiz-me tudo para todos, para por todos os meios salvar alguns. Faço tudo pelo Evangelho, para ter parte nele" (1Cor 9,22s).

Pe. Ms. Wagner F. Pereira
Pároco da Paróquia Santa Luzia

Apresentação

Com a crescente preocupação em relação à preservação de condições mínimas de sobrevivência da humanidade em nosso planeta, resolvi expor alguns pensamentos relativos ao tema, descritos em diversas passagens bíblicas.

Beber na fonte da Sagrada Escritura, me fez perceber o quanto nós cristãos, falhamos no entendimento e na prática diária dos ensinamentos contidos nas mais diversas passagens e versículos.

Pude perceber como Deus enxergou longe na criação, tudo que passamos hoje, é fruto da soberba humana, do homem que subjuga tudo que deus criou.

Lamentavelmente, nos deparamos em nossa realidade com a total falta de comprometimento com o futuro da humanidade. Armas nucleares cada vez mais potentes e destruidoras são desenvolvidas.

Destroem-se a natureza, rios e mares poluídos, florestas cortadas para um enriquecimento de alguns de forma irresponsável.

O egocentrismo de uma pequena parcela coloca em risco a sobrevivência de toda a espécie humana.

Fui buscar nas raízes da criação, na Palavra de Deus, a fonte e as respostas para sair desta armadilha.

Deus é a fonte da vida, portanto só ligado a ele e seus ensinamentos, poderemos manter viva a expectativa de futuro para novas gerações.

Espero que ao dar luz a algumas passagens bíblicas, possa contribuir no sentido de que cada vez mais nós cristãos possamos assumir o papel de protagonistas zelando e cuidando da criação como nos pediu o Criador.

Neive Noguero

Teologia e Ecologia, a Bíblia nos mostra

A Bíblia e a Teologia podem ser suportes para ajudar na educação ambiental, e conseqüente conscientização do povo?

Existem na Bíblia reflexões sobre o tema, elas nos apontam soluções ou reflexões?

Os acidentes naturais e ambientais podem se evitados a partir dos ensinamentos bíblicos?

A Teologia está diretamente ligada ao tema meio ambiente, podemos destacar sua importância e magnitude junto às colocações na esfera ambiental.

Buscar nas raízes teológicas formas de pensar e agir nestas questões, nos servem como uma viagem ao projeto do amor de Deus a cada um de nós e da terra que nos deu para zelar e cuidar.

Em sua maioria o povo brasileiro tem formação Cristã, partindo desta premissa a questão ambiental ao longo dos anos tem se tornado foco de especialistas.

O motivo é o questionamento sobre o que fazemos como cristãos para zelar e preservar a natureza criada por Deus.

Será que estamos fazendo algo?

Temos a luz da Palavra de Deus relatada na Bíblia, pensar o nosso agir, a partir deste tema intrinsecamente ligado a história da criação é primordial para a humanidade como um todo.

Deus ordenou que guardássemos e cuidássemos de sua criação, como observado em Gn 2, 15, “Tomou, pois, o Senhor Deus o homem, e o pôs no jardim do Éden para o lavrar e guardar.”

Esta passagem será vista em outras páginas deste livro, devido sua relevância e importância.

Deus criou tudo, dedicando uma atenção especial nos criando a sua imagem e semelhança.

Portanto as maravilhas criadas por Ele foram para nos presentear, dando-nos um local digno para habitar, onde pudéssemos ter nosso sustento na própria criação, devendo preservá-la para que através da sustentabilidade vivêssemos em um mundo equilibrado e justo.

Se os cristãos conseguissem entender a palavra de Deus na Bíblia, e a observassem, veriam a importância que Ele nos pede ao zelo com mãe terra.

Em Gn 1,1, Deus inicia sua Palavra nos relatando sobra a criação: "No princípio criou Deus os Céus e a terra" e em Nm 14, 21, nos revela sobre a ocupação da mesma: "A Glória do Senhor encherá toda a terra."

Nos dias atuais infelizmente temos que admitir crises de degradação do meio ambiente, com rios poluídos, florestas desmatadas, altos índices de poluição.

Neste contexto povos tradicionais e povos indígenas, também sofrem com a ganância e truculência, gerando dor e diminuição destes povos.

A sociedade em seu aspecto civilizatório, não consegue dar respostas ou apontar soluções integradas.

Muitos pensam de forma isolada, dificultam assim tomadas de decisão que realmente possam interferir no processo de degradação e destruição dos recursos que garantem a sobrevivência de todos nós.

Os problemas se acumulam em cascata, vão se aprofundando nas questões dos resíduos, saneamento básico, afetando a vidas dos rios e das pessoas, principalmente as menos favorecidas.

Devido a poluição nas grandes cidades, gastamos milhões em recursos financeiros para tratar problemas respiratórios e outras doenças inerentes a inalação destes gases poluentes.

O que estamos fazendo deste mundo que para nós foi dado por Deus?

Temos a consciência que outros ainda dependerão dele para viver, nossos filhos, amigos, parentes e tantas outras pessoas amadas pelo Pai Celeste?

Qual nosso papel como cristãos na preservação do meio ambiente?

Já leu a respeito das consequências que nossa ação destruidora ou omissa pode acarretar segundo a Bíblia?

Veja o que nos revela o Ap 11,18 "Iraram-se, na verdade, as nações; então veio a tua ira, e o tempo de serem julgados os mortos, e o tempo de dares recompensa aos teus servos, os profetas, e aos santos, e aos que temem o teu nome, a pequenos e a grandes, e o tempo de destruíres os que destroem a terra."

Todos os cristãos necessitam se capacitar, buscar informações sobre as questões ambientais, para agir como missionários, levando a todos indistintamente a mensagem de que devemos e temos a obrigação de zelar pela criação de Deus.

Como seres criados e amados por Deus, somos parte da criação, não como seres normais e comuns, mas como pessoas especiais perante a amabilidade do Pai, portanto artífices da história da humanidade e suas consequências.

O que temos a ver com o Meio Ambiente?

Lemos a Bíblia?

Sabemos que nela existem milhares de citações sobre o meio ambiente?

Existem estudos que apontam que mais de 8% das citações bíblicas se referem a questões ligadas ao meio ambiente.

No capítulo anterior vimos que em Gn 1,1, Deus iniciou o processo da criação, nos deixando um legado para cuidar.

Cabe a nós seguidores e fiéis a Ele, nos comprometermos com o meio em que vivemos, pois meio ambiente se revela a tudo que nos rodeia e permeia.

Como seguidores de Cristo aprendemos na Sagrada Escritura que devemos zelar pelo planeta, ou a Casa comum, como nos reforça Papa Francisco na Laudato Si.

Estamos como cristãos realmente comprometidos com a preservação da criação de Deus?

Deus planejou e criou todas as coisas com muito zelo, criatividade e perfeição.

Se amamos a Deus, também devemos amar tudo que Ele criou.

A preocupação com o meio ambiente demonstra para Deus que você O valoriza, O reconhece como o criador e dono de todas as coisas.

Quem é o dono da terra?

Salmo 24, 1-2 <u>"Do Senhor é a terra e a sua plenitude, o mundo e aqueles que nele habitam. Porque ele a fundou sobre os mares, e a firmou sobre os rios".</u>

Se verdadeiramente cremos em Deus e que Ele criou o céu e a terra, devemos nos importar em preservar a natureza.

Devemos nos comprometer com o meio ambiente, porque a natureza, é reflexo do amor de Deus, como podemos ler em Rm 1, 20

“Porque as suas coisas invisíveis, desde a criação do mundo, tanto o seu eterno poder, como a sua divindade, se entendem, e claramente se vêem pelas coisas que estão criadas, para que eles fiquem inescusáveis”.

Quando permitimos a destruição da natureza, não permitimos a manifestação da glória de Deus, como visto no Salmo 19, 1

“Os céus declaram a glória de Deus e o firmamento anuncia a obra das suas mãos”.

Deus em sua infinita bondade e amor para conosco, nos coloca em sintonia com a natureza, de certa forma nos ajudando a partilhar este próprio amor.

Nos escritos bíblicos, por diversas vezes a Palavra de Deus nos reporta a criação do Pai, para nos mostrar como a natureza nos revela sua preocupação e amor.

Devemos estar sempre comprometidos com o meio ambiente em que vivemos, em um gesto de respeito à criação de Deus.

Em Mt 6, 26 podemos verificar o olhar de Deus para toda sua criação. “Olhai para as aves do céu, que nem semeiam, nem ceifam, nem ajuntam em celeiros; e vosso Pai celestial as alimenta”.

No Salmo 65, 9-10 Deus nos revela.

“Tu visitas a terra, e a refrescas; tu a enriqueces grandemente com o rio de Deus, que está cheio de água; tu lhe preparas o trigo, quando assim a tens preparada. Enches de água os seus sulcos; tu lhe aplanas as leivas; tu a amoleces com a chuva; abençoas as suas novidades”.

No Salmo 104 podemos ler um dos mais lindos poemas ao meio ambiente:

“Bendize, ó minha alma, ao SENHOR!

SENHOR Deus meu, tu és magnificentíssimo; estás vestido de glória e de majestade.

Ele se cobre de luz como de um vestido, estende os céus como uma cortina.

Põe nas águas as vigas das suas câmaras; faz das nuvens o seu carro, anda sobre as asas do vento.

Faz dos seus anjos espíritos, dos seus ministros um fogo abrasador.

Lançou os fundamentos da terra; ela não vacilará em tempo algum.

Tu a cobriste com o abismo, como com um vestido; as águas estavam sobre os montes.

À tua repreensão fugiram; à voz do teu trovão se apressaram.

Subiram aos montes, desceram aos vales, até ao lugar que para elas fundaste.

Termo lhes puseste, que não ultrapassarão, para que não tornem mais a cobrir a terra.

Tu, que fazes sair as fontes nos vales, as quais correm entre os montes.

Dão de beber a todo o animal do campo; os jumentos monteses matam a sua sede.

Junto delas as aves do céu terão a sua habitação, cantando entre os ramos.

Ele rega os montes desde as suas câmaras; a terra farta-se do fruto das suas obras.

Faz crescer a erva para o gado, e a verdura para o serviço do homem, para fazer sair da terra o pão, e o vinho que alegra o coração do homem, e o azeite que faz reluzir o seu rosto, e o pão que fortalece o coração do homem.

As árvores do Senhor fartam-se de seiva, os cedros do Líbano que ele plantou, onde as aves se aninham; quanto à cegonha, a sua casa é nas faias.

Os altos montes são para as cabras monteses, e os rochedos são refúgio para os coelhos.

Designou a lua para as estações; o sol conhece o seu ocaso.

Ordenas a escuridão, e faz-se noite, na qual saem todos os animais da selva.

Os leõezinhos bramam pela presa, e de Deus buscam o seu sustento.

Nasce o sol e logo se acolhem, e se deitam nos seus covis.

Então sai o homem à sua obra e ao seu trabalho, até à tarde.

Ó Senhor, quão variadas são as tuas obras! Todas as coisas fizeste com sabedoria; cheia está a terra das tuas riquezas.

Assim é este mar grande e muito espaçoso, onde há seres sem número, animais pequenos e grandes.

Ali andam os navios; e o leviatã que formaste para nele folgar.

Todos esperam de ti, que lhes dês o seu sustento em tempo oportuno.

Dando-lho tu, eles o recolhem; abres a tua mão, e se enchem de bens.

Escondes o teu rosto, e ficam perturbados; se lhes tiras o fôlego, morrem, e voltam para o seu pó.

Envias o teu Espírito, e são criados, e assim renovas a face da terra.

A glória do Senhor durará para sempre; o Senhor se alegrará nas suas obras.

Olhando ele para a terra, ela treme; tocando nos montes, logo fumegam.

Cantarei ao Senhor enquanto eu viver; cantarei louvores ao meu Deus, enquanto eu tiver existência.

A minha meditação acerca dele será suave; eu me alegrarei no Senhor.

Desapareçam da terra os pecadores, e os ímpios não sejam mais. Bendize, ó minha alma, ao Senhor. Louvai ao Senhor".

Ele revela a preocupação com sua criação.

Lembra da necessidade do sustento e moradia dos animais, a abundância das árvores que plantou.

Mais uma vez não podemos esquecer que recebemos do próprio Deus a incumbência, de cuidar e proteger a terra.

Não temos o direito de esgotar os recursos naturais como se estes tivessem sido dados apenas para a nossa geração.

Temos o dever de pensar no amanhã.

Que mundo nossos filhos e netos herdarão?

Eles serão capazes de usufruir as bênçãos de um ar limpo?

Compromisso ambiental, todos os filhos e filhas de Deus deveriam se preocupar com isso, com responsabilidade e determinação.

A sabedoria Divina nos ensina por meio das criaturas de Deus, sempre no sentido de nos orientar no bom caminho.

A Palavra de Deus dirigida através do livro sagrado, nos enriquece com comparações, tornando-nos mais conscientes de nossa própria responsabilidade.

Deus nos dá grandes lições por meio da natureza.

Os animais e as plantas são, por diversas vezes, utilizados como exemplos para que possamos aperfeiçoar algumas áreas da nossa vida.

Como em Pv 6, 6 <u>"Vai ter com a formiga, ó preguiçoso; olha para os seus caminhos, e sê sábio".</u>

Em Is 40, 31 podemos aprender com as águias <u>"Mas os que esperam no SENHOR renovarão as forças,subirão com asas como águias;correrão, e não se cansarão; caminharão, e não se fatigarão".</u>

Esta metodologia utilizada por Deus de nos orientar e guiar pelos textos sagrados da bíblia, nos leva a profundas reflexões sobre nosso papel na sociedade, e a responsabilidade que temos em colocar em prática estes ensinamentos.

Um olhar bíblico do meio Ambiente

Novamente vem a pergunta, os cristãos deveriam se importar com o meio ambiente?

Por que às vezes, os cristãos relutam em levar as questões ambientais a sério?

Será que isto é por que não compreendemos as questões ambientais do ponto de vista de Deus?

Para obtermos estas respostas, necessitamos compreender os propósitos de Deus para a criação, no princípio, nos dias atuais e as perspectivas para o futuro.

Não devemos nos esquecer de que fazemos parte da criação de Deus.

Jesus morreu e ressuscitou não apenas para nos reconciliar com Deus, mas para reconciliar o resto da criação com Ele também.

Por este motivo, o nosso ministério para o meio ambiente deve ser levado a sério.

Neste livro já lemos e continuaremos observando, descobrindo e redescobrindo várias passagens da Bíblia para nos ajudar a discernir o que pensa Deus sobre o meio ambiente e qual deve ser a nossa resposta.

A história da criação pode parecer familiar para nós.

Não raro nos concentramos no que Deus criou, mas, se lermos com atenção, perceberemos porque e como Deus decidiu nos criar e criar o mundo à nossa volta.

Em Col 1,16-17 podemos ler qual foi o propósito de Deus ao criar o mundo e tudo que há nele.

"Porque nele foram criadas todas as coisas que há nos céus e na terra, visíveis e invisíveis, sejam tronos, sejam dominações, sejam principados, sejam potestades. Tudo foi criado por ele e para ele. E Ele é antes de todas as coisas, e todas as coisas subsistem por Ele"

Em Gn 1, 3 -26 podemos ver como Deus nos criou.

"E disse Deus: Haja luz; e houve luz.

E viu Deus que era boa a luz; e fez Deus separação entre a luz e as trevas.

E Deus chamou à luz Dia; e às trevas chamou Noite.

E foi a tarde e a manhã, o dia primeiro.

E disse Deus: Haja uma expansão no meio das águas, e haja separação entre águas e águas.

E fez Deus a expansão, e fez separação entre as águas que estavam debaixo da expansão e as águas que estavam sobre a expansão; e assim foi.

E chamou Deus à expansão Céus, e foi a tarde e a manhã, o dia segundo.

E disse Deus: Ajuntem-se as águas debaixo dos céus num lugar; e apareça a porção seca; e assim foi.

E chamou Deus à porção seca Terra; e ao ajuntamento das águas chamou Mares; e viu Deus que era bom.

E disse Deus: Produza a terra erva verde, erva que dê semente, árvore frutífera que dê fruto segundo a sua espécie, cuja semente está nela sobre a terra; e assim foi.

E a terra produziu erva, erva dando semente conforme a sua espécie, e a árvore frutífera, cujasemente está nela conforme a sua espécie; e viu Deus que era bom. E foi a tarde e a manhã, o dia terceiro.

E disse Deus: Haja luminares na expansão dos céus, para haver separação entre o dia e a noite; e sejam eles para sinais e para tempos determinados e para dias e anos. E sejam para luminares na expansão dos céus, para iluminar a terra; e assim foi.

E fez Deus os dois grandes luminares: o luminar maior para governar o dia, e o luminar menor para governar a noite; e fez as estrelas.

E Deus os pôs na expansão dos céus para iluminar a terra, e para governar o dia e a noite, e para fazer separação entre a luz e as trevas; e viu Deus que era bom.

E foi a tarde e a manhã, o dia quarto.

E disse Deus: Produzam as águas abundantemente répteis de alma vivente; e voem as aves sobre a face da expansão dos céus.

E Deus criou as grandes baleias, e todo o réptil de alma vivente que as águas abundantemente produziram conforme as suas espécies; e toda a ave de asas conforme a sua espécie; e viu Deus que era bom.

E Deus os abençoou, dizendo: Frutificai e multiplicai-vos, e enchei as águas nos mares; e as aves se multipliquem na terra.

E foi a tarde e a manhã, o dia quinto.

E disse Deus: Produza a terra alma vivente conforme a sua espécie; gado, e répteis e feras da terra conforme a sua espécie; e assim foi.

E fez Deus as feras da terra conforme a sua espécie, e o gado conforme a sua espécie, e todo o réptil da terra conforme a sua espécie; e viu Deus que era bom.

"E disse Deus: Façamos o homem à nossa imagem, conforme a nossa semelhança; e domine sobre os peixes do mar, e sobre as aves dos céus, e sobre o gado, e sobre toda a terra, e sobre todo o réptil que se move sobre a terra".

Em Jó 38, 39, podemos ler e distinguir a inteligência e sabedoria de Deus nos confrontando com a seguinte passagem, "É você que caça a presa para a leoa e satisfaz a fome dos leões".

No Salmo 19, 1 "Os céus declaram a glória de Deus e o firmamento anuncia a obra das suas mãos", podemos sentir a amplitude deste amor de Deus.

Podemos ler em Rm 1, 20, uma forma de Deus nos mostrar a responsabilidade sobre sua criação, "Pois desde a criação do mundo os atributos invisíveis de Deus, seu eterno poder e sua natureza divina, têm sido vistos claramente, sendo compreendidos por meio das coisas criadas, de forma que tais homens são indesculpáveis".

Paramos para pensar no que existe de especial em nossa criação por Deus?

Por que somos diferentes das demais criaturas, qual responsabilidade Ele nos dá?

Em Gn 2, 15 Deus nos mostra o caminho da preservação que devemos observar: "E tomou o Senhor Deus o homem, e o pôs no jardim do Éden para o lavrar e o guardar".

De que maneira a compreensão com o mundo à nossa volta influencia no modo como o tratamos?

No Salmo 24, 1, podemos ler que a terra pertence a Deus.

"Do SENHOR é a terra e a sua plenitude, o mundo e aqueles que nele habitam".

Partindo desta premissa, o que muda em nossa atitude sobre o tema?

Filipenses 2, 5-7 "Seja a atitude de vocês a mesma de Cristo, que, embora sendo Deus, não considerou que o ser igual a Deus era algo a que devia apegar-se; mas esvaziou-se a si mesmo, vindo a ser servo, tornando-se semelhante aos homens".

Como somos feitos à imagem de Deus, o nosso domínio deve ter como modelo o domínio de Deus e deve espelhar-se no seu caráter.

Como seres humanos, temos autoridade real sobre o resto da criação, mas devemos exercê-la como servidores do nosso Deus criador, da Terra e de suas criaturas, as quais nos foram dadas por Deus para que as governássemos.

Já vimos como Deus ama a sua criação, como Ele a aprecia e como se importa com ela.

Amando a Deus devemos querer ser como Ele e nos importar com as coisas com as quais Ele se importa.

Temos a atitude correta em relação ao nosso papel na Terra como seres humanos junto à criação de Deus?

Nossas práticas refletem esta atitude?

O que podemos fazer para levarmos a sério a ordem de Deus, de que cuidemos da sua criação?

Como podemos responder a alguém que acha que tem o direito de explorar de forma egoísta os recursos naturais?

Pense sobre áreas em que as pessoas podem não estar cientes de que não estão cuidando da criação.

Como podemos conscientizá-las?

Nossa atitude para com a criação deve ser influenciada não apenas pelas intenções originais de Deus, mas também pelas promessas de Deus para o futuro.

Imagine que você tenha feito algo de que se orgulha, e, então, alguém chega e o quebra.

Como você se sentiria?

O que você faria?

Surpreendentemente, depois que as pessoas lhe viraram as costas danificando o que Ele criou, Deus teve uma atitude de amor e procurou trazer as pessoas de volta para a relação com Ele.

A esperança da criação para o futuro é diferente da nossa própria esperança?

No momento, vivemos num mundo pecaminoso, portanto, a nossa relação com a criação ainda está danificada.

Nosso papel no momento não é esperar passivamente, mas trabalhar para vermos o reino de Deus na Terra.

Até que Deus torne tudo perfeito, devemos seguir a paixão de Deus em ver tudo reconciliado com Ele.

Isto significa que devemos compartilhar o evangelho com os outros e dar o exemplo do que significa estar no reino de Deus, que já está aqui, através de boas relações com Ele, com outras pessoas e com a criação.

Devemos levar a sério a nossa responsabilidade de governar bem a Terra e seus recursos conforme nos foi ordenado em Gênesis 2, 15.

"E tomou o Senhor Deus o homem, e o pôs no jardim do Éden para o lavrar e o guardar".

Podemos fazer isso com a esperança certa de que tudo será renovado quando Jesus retornar.

Nós dependemos da criação de Deus para sobreviver.

Por exemplo, todos nós precisamos de alimento para comer.

A maior parte da população mundial depende diretamente da terra para o cultivo destinado à alimentação ou à venda.

As pessoas que vivem nas cidades podem comprar seus alimentos nas lojas ou nos mercados, mas elas ainda dependem indiretamente da terra e de outros recursos para obterem estes alimentos.

Pense sobre os recursos de que você depende direta ou indiretamente.

No Antigo Testamento, lemos que Deus estabeleceu um conjunto de leis para que os israelitas se responsabilizassem perante Deus pela terra que Ele lhes havia dado para viver uns pelos outros.

Responsabilidade perante Deus

Isto consistia em dar o dízimo e ofertar os primeiros frutos da colheita a Deus.

Ex 23,14-19 "Três vezes no ano me celebrarás festa: A festa dos pães ázimos guardarás: sete dias comerás pães ázimos como te ordenei, ao tempo apontado no mês de abibe, porque nele saíste do Egito e ninguém apareça perante mim de mãos vazias,também guardarás a festa da sega, a das primícias do teu trabalho, que houveres semeado no campo igualmente guardarás a festa da colheita à saída do ano, quando tiveres colhido do campo os frutos do teu trabalho. Três vezes no ano todos os teus homens aparecerão diante do Senhor Deus.

Não oferecerás o sangue do meu sacrifício com pão levedado, nem ficará da noite para a manhã a gordura da minha festa. As primícias dos primeiros frutos da tua terra trarás à casa do Senhor teu Deus. Não cozerás o cabrito no leite de sua mãe".

Lv 25, 23 Nos lembra que Deus é o dono supremo da terra e quem tem a autoridade sobre como ela deve ser usada:

"A terra não poderá ser vendida definitivamente, porque ela é minha e vocês são apenas estrangeiros e imigrantes."

Responsabilidade perante os outros

Isto consistia em deixar a terra descansar, deixar que outros usufruíssem dela Ex 23,10-11

"Também seis anos semearás tua terra, e recolherás os seus frutos; mas ao sétimo a dispensarás e deixarás descansar, para que possam comer os pobres do teu povo, e da sobra comam os animais do campo. Assim farás com a tua vinha e com o teu olival".

Permitir que os pobres juntassem as espigas caídas da colheita Levítico 23, 22

"E, quando fizerdes a colheita da vossa terra, não acabarás de segar os cantos do teu campo, nem colherás as espigas caídas da tua sega; para o pobre e para o estrangeiro as deixarás. Eu sou o Senhor vosso Deus".

A preocupação de Deus nos faz refletir sobre a função social da terra.

Para evitar que as pessoas enriqueçam, as custas dos outros, Deus não permitia que a terra fosse vendida permanentemente.

Ao invés disso, durante o ano do Jubileu (a cada 49 anos) a terra que havia sido vendida tinha de ser devolvida ao dono original.

Isto garantia que as futuras gerações tivessem acesso a terra.

Assim, o preço da terra diminuía à medida que o ano do Jubileu se aproximava, e não se tirava vantagem de ninguém Lv 25,14-17

"Se vocês venderem alguma propriedade ao seu próximo ou se comprarem alguma propriedade dele, não explore o seu irmão.

O que comprarem do seu próximo será avaliado com base no número de anos desde o Jubileu.

E fará a venda com base no número de anos que restam de colheitas.

Quando os anos forem muitos, vocês deverão aumentar o preço, mas quando forem poucos, deverão diminuir o preço, pois o que ele está lhes vendendo é o número de colheitas.

Não explorem um ao outro, mas temam ao Deus de vocês. Eu sou o Senhor, o Deus de vocês".

Embora estas leis tivessem que ser colocadas em prática em certos anos, em Deuteronômio 15,1-11, Deus nos revela que devemos ter sempre uma boa atitude para com as pessoas pobres.

"Ao fim dos sete anos farás remissão.

Este, pois, é o modo da remissão: todo o credor remitirá o que emprestou ao seu próximo; não o exigirá do seu próximo ou do seu irmão, pois a remissão do Senhor é apregoada.

Do estrangeiro o exigirás; mas o que tiveres em poder de teu irmão a tua mão o remitirá.

Exceto quando não houver entre ti pobre algum; pois o Senhor abundantemente te abençoará na terra que o Senhor teu Deus te dará por herança, para possuí-la.

Se somente ouvires diligentemente a voz do Senhor teu Deus para cuidares em cumprir todos estes mandamentos que hoje te ordeno.

Porque o Senhor teu Deus te abençoará, como te tem falado; assim, emprestarás a muitas nações, mas não tomarás empréstimos; e dominarás sobre muitas nações, mas elas não dominarão sobre ti.

Quando entre ti houver algum pobre, de teus irmãos, em alguma das tuas portas, na terra que o Senhor teu Deus te dá, não endurecerás o teu coração, nem fecharás a tua mão a teu irmão que for pobre.

Antes lhe abrirás de todo a tua mão, e livremente lhe emprestarás o que lhe falta, quanto baste para a sua necessidade.

Guardaste, que não haja palavra perversa no teu coração, dizendo: Vai se aproximando o sétimo ano, o ano da remissão; e que o teu olho seja maligno para com teu irmão pobre, e não lhe dês nada; e que ele clame contra ti ao Senhor, e que haja em ti pecado.

Livremente lhe darás, e que o teu coração não seja maligno, quando lhe deres; pois por esta causa te abençoará o Senhor teu Deus em toda a tua obra, e em tudo o que puseres a tua mão.

Pois nunca deixará de haver pobre na terra; pelo que te ordeno, dizendo: Livremente abrirás a tua mão para o teu irmão, para o teu necessitado, e para o teu pobre na tua terra".

O que estas passagens nos dizem sobre:

O valor igual das pessoas?

A importância de não acumular riqueza pessoal em demasia?

A importância das relações dentro da comunidade?

A importância do descanso para as pessoas e para a Terra?

Que práticas ou sistemas existem hoje em dia que vão contra estes princípios?

O que podemos fazer quanto a isto pessoalmente e como igreja?

Que medidas práticas, podemos adotar?

Há algum trabalho de defesa e promoção de direitos que devamos fazer?

Há muita coisa a se aprender com os ensinamentos de Jesus no Novo Testamento sobre a nossa responsabilidade uns para com os outros e para com a mãe terra, como em Marcos 12, 28-31

"Um dos mestres da lei aproximou-se e os ouviu discutindo. Notando que Jesus lhes dera uma boa resposta, perguntou-lhe: De todos os mandamentos, qual é o mais importante? Respondeu Jesus: O mais importante é este: Ouve, ó Israel, o Senhor, o nosso Deus, é o único Senhor. **Ame o Senhor, o seu Deus de todo o seu coração**, de toda a sua alma, de todo o seu entendimento e de todas as suas forças". O segundo é este: **Ame o seu próximo como a si mesmo**. Não existe mandamento maior do que estes".

Não queremos ser tratados injustamente. O que significa amar alguém que está sendo tratado desta forma?

Podemos estender este mandamento ao amor que devemos ter para com a criação do Pai, amar ao próximo significa também dar-lhe condições de viver em uma meio ambiente saudável e agradável.

Que tipos de injustiça as pessoas sofrem hoje em dia?

Que tipos de injustiça relacionada com as questões ambientais às pessoas sofrem hoje em dia?

De que maneira contribuímos para esta injustiça?

Pense sobre o seu estilo de vida.

Ele está contribuindo para a mudança climática?

Que atitudes temos para com o nosso meio ambiente natural?

Como Jesus quer que respondamos?

Na leitura de Lucas 10, 25-37 podemos ter respostas

"E eis que se levantou um certo doutor da lei, tentando-o, e dizendo:

Mestre, que farei para herdar a vida eterna?

E ele lhe disse: Que está escrito na lei?

Como lês?

E, respondendo ele, disse: Amarás ao Senhor teu Deus de todo o teu coração, e de toda a tua alma, e de todas as tuas forças, e de todo o teu entendimento, e ao teu próximo como a ti mesmo.

E disse-lhe: Respondeste bem; faze isso, e viverás.

Ele, porém, querendo justificar-se a si mesmo, disse a Jesus:

E quem é o meu próximo?

E, respondendo Jesus, disse: Descia um homem de Jerusalém para Jericó, e caiu nas mãos dos salteadores, os quais o despojaram, e espancando-o, se retiraram, deixando-o meio morto.

E, ocasionalmente descia pelo mesmo caminho certo sacerdote; e, vendo-o, passou de largo.

E de igual modo também um levita, chegando àquele lugar, e, vendo-o, passou de largo.

Mas um samaritano, que ia de viagem, chegou ao pé dele e, vendo-o, moveu-se de íntima compaixão;

E, aproximando-se, atou-lhe as feridas, deitando-lhes azeite e vinho; e, colocando sobre o seu animal, levou-o para uma estalagem, e cuidou dele;

E, partindo no outro dia, tirou dois dinheiros, e deu-os ao hospedeiro, e disse-lhe: Cuida dele; e tudo o que de mais gastares eu to pagarei quando voltar.

Qual, pois, destes três te parece que foi o próximo daquele que caiu nas mãos dos salteadores?

E ele disse: O que usou de misericórdia para com ele. Disse, pois, Jesus: Vai, e faze da mesma maneira".

Quem é o nosso próximo?

Em termos de meio ambiente, quem é o nosso próximo?

Quais são as conseqüências da degradação ambiental para as pessoas por todo o mundo e para as futuras gerações?

Que medidas podemos tomar para garantir que possamos satisfazer as necessidades atuais de todos, garantindo que as necessidades das futuras gerações sejam preservadas?

Infelizmente, os seres humanos não têm acesso igual aos recursos naturais do mundo.

Por serem pobres, algumas pessoas não têm acesso aos recursos devido à injustiça social ou econômica.

As pessoas ricas freqüentemente usam mais do que a sua porção justa dos recursos, e, como resultado, outras pessoas podem sofrer.

Um exemplo disso é o desmatamento descontrolado para a produção de madeira, pecuária e o agronegócio, que desloca pessoas e destrói a biodiversidade.

Outro exemplo é o uso de combustíveis fósseis, principalmente no Hemisfério Norte rico, que contribuiu muito para a mudança climática global.

A mudança climática já está causando impacto, principalmente nas pessoas pobres.

Há muita coisa que podemos fazer para pormos em ação a nossa compreensão bíblica da criação de Deus e a nossa preocupação com ela nas nossas práticas no trabalho e na nossa vida.

Os cristãos não se importam com o meio ambiente simplesmente por motivos práticos ou humanitários.

Também somos motivados pelo desejo de amar, compreender e proteger o meio ambiente para glorificar o nosso Deus criador.

Às vezes, importar-se com o meio ambiente e as necessidades dos outros pode ser caro.

Podemos descobrir que há pouca coisa que podemos fazer, e os nossos esforços podem parecer inúteis em comparação com o tamanho dos problemas ambientais que existem.

Aqui estão algumas questões a serem consideradas nestes momentos: Deus está no controle Salmos 46, 1-3.

"Deus é o nosso refúgio e fortaleza, socorro bem presente na angústia.

Portanto não temeremos, ainda que a terra se mude, e ainda que os montes se transportem para o meio dos mares.

Ainda que as águas rujam e se perturbem, ainda que os montes se abalem pela sua braveza".

Deus ordenou-nos que vivêssemos desta maneira Gn 1:28

"E Deus os abençoou, e Deus lhes disse: Frutificai e multiplicai-vos, e enchei a terra, e sujeitai-a; e dominai sobre os peixes do mar e sobre as aves dos céus, e sobre todo o animal que se move sobre a terra".

O sentido de dominar que o texto bíblico se refere nos indica o cuidar, zelar e preservar.

Observar no rosto sofrido de pessoas que estão postas a margem da sociedade e se indignar e, mais do que se indignar, lutar contra as injustiças sócio-ambientais, que acometem nosso hoje.

Fé cristã e Meio Ambiente

É claro que falar de fé cristã e meio ambiente não é tarefa simples.

Muitas vezes, nas igrejas, nós temos a déia de que os ambientalistas, os que defendem o meio ambiente, são pessoas que prestam culto à natureza ou que fazem isso porque têm alguma participação em movimentos esotéricos.

É claro que isso pode acontecer.

A defesa do meio ambiente para nós cristãos não é uma questão política, ou utilitária; é uma ordenança divina.

Quando nos convertemos, devemos começar a ler a Bíblia com outros olhos.

O texto de Isaías 11, 6

"O lobo habitará com o cordeiro, e o leopardo se deitará junto ao cabrito...", sugere que haverá uma vida em que naturezas, aparentemente opostas, se encontrarão.

Isso tem um sentido espiritual.

Quem trabalha e pensa a esfera ambiental, sabe que o meio ambiente é o primeiro espaço, a primeira casa, onde essa profecia se cumpre.

Sabem por quê?

Porque o lobo precisa de água potável, o cordeiro também.

O lobo precisa de alimento; portanto, tem necessidade de terra fértil.

O cordeiro também necessita dela.

Da mesma forma, ambos precisam do ar puro para que possam respirar.

Do mesmo modo tanto os países ricos como os países pobres, na questão do uso dos recursos naturais, têm de estar praticamente no mesmo espaço.

A Bíblia nos apresenta várias passagens nas quais encontramos Deus se reportando à questão do cuidado com a natureza.

Porque a terra era e permanece sendo algo como um jardim abundante, com toda espécie de animais, de frutos.

Quando desrespeitamos a natureza, não utilizamos de forma sustentável os rios, as florestas, o solo, o ar, aquilo que é necessário para a vida do planeta, demonstramos a falta de importância dada às gerações futuras, transmitindo a idéia de que nós precisamos extrair tudo agora porque pensamos apenas nos nossos interesses momentâneos.

Essa é uma visão completamente fora do propósito de Deus na relação do homem com a natureza.

Abraão também nos apresenta um interessante testemunho, pois é enviado para uma terra que não conhecia, a fim de ser pai de uma grande nação, uma geração tão grande que nem poderia ser contada.

Ele se preocupou com as gerações futuras, essa é uma parte muito bonita na Bíblia: Gn 21,33

<u>"Plantou Abraão tamargueiras em Berseba e invocou ali o nome do SENHOR, Deus Eterno"</u>

Quantos anos tinha Abraão ao plantar o bosque de tamargueiras, 80, 100 anos?

Por que um homem de idade tão avançada haveria de se preocupar em plantar um bosque de tamargueiras, se ele não comeria do fruto daquelas árvores, se não usaria as suas sombras para descansar?

Ele plantou as tamargueiras simbolizando a sua aliança, o seu cuidado com as gerações futuras.

Há vários momentos na Bíblia em que Deus nos ensina claramente a respeito do cuidado com a natureza.

Ainda no Pentateuco, na elaboração da Constituição do povo judeu, Ele nos chama a cuidar do meio ambiente.

Em Deuteronômio 22, 6, Ele nos ensina a cuidar dos animais, quando diz:

"Se de caminho encontrares algum ninho de ave, em alguma árvore ou no chão, com passarinhos, ou ovos, [...] não tomarás a mãe com os filhotes".

Matar a mãe com os filhotes é comprometer a reprodução dos animais.

E, comprometida a sua reprodução, as espécies entrarão em extinção.

Qual cuidado com ninhos, filhotes e até de animais adultos existe, quando milhares de hectares de floresta são derrubados?

Deus é cuidadoso, também, com as espécies, com a variedade de alimentos.

No mesmo capítulo de Deuteronômio, no versículo 9, Ele proíbe a mistura de diferentes espécies de sementes, para que não seja profanado o fruto da vinha.

"Não plantem dois tipos de semente em sua vinha; se o fizerem, tanto a semente que plantarem como o fruto da vinha estarão contaminados"

E, no versículo 8, do mesmo capítulo, o Senhor nos ensina a segurança no trabalho:

"Quando edificares uma casa nova, far-lhe-ás, no terraço, um parapeito".

Sempre que passo na frente de construções que têm aqueles tapumes de proteção, eu me lembro dessa passagem, pensando em como Deus já naquele tempo, recomendava que se colocasse a proteção, para se evitarem os acidentes e, segundo Ele, não houvesse "culpa de sangue".

Há muitas outras passagens em que Deus fala a respeito do cuidado com a natureza, mas estas são suficientes para despertar e incentivar cristãos a refletirem sobre sua atuação nesse aspecto.

É claro que o homem foi feito para dominar o meio ambiente.

Mas, tomemos como exemplo, o domínio divino.

Por acaso o domínio de Deus é tirano?

Por acaso é descuidado?

Por acaso é irresponsável?

Não. O domínio de Deus é perfeito.

E se Ele fez o homem à sua imagem e semelhança e lhe disse que deveria dominar a terra e tudo o que nela há, é no seu referencial e não no referencial humano utilitarista, oportunista e, muitas vezes, exclusivista, que o homem deve dominar a natureza.

Tenho certeza absoluta de que o nosso país pode ser ricamente abençoado.

Oremos por isso.

Nossa fé deve caminhar seguindo a vontade de Deus.

Deve ter sempre como alvo a edificação.

Deve ser coerente com o nosso desejo de que os governantes não busquem a sua própria prosperidade, mas estejam interessados em conhecer e buscar o cumprimento dos propósitos de Deus para o país.

Com certeza, isso resultará na alegria do povo e no júbilo divino.

O Ministério do Meio Ambiente deve trabalhar com políticas integradas, controle social, desenvolvimento sustentável, fortalecimento da política ambiental, e a questão de uma política que contemple os vários segmentos da sociedade.

Não tenho dúvida de que a igreja pode ajudar.

Se faz necessário provocar um grande movimento, dentro das igrejas, chamado "Pastoral Ambiental".

Todos aprenderiam que o cuidado do meio ambiente não é responsabilidade só dos ambientalistas; mas de todo cristão.

Deus no colocou no jardim não só para cultivá-lo, extrair dele o nosso sustento, mas também para cuidá-lo, desculpe ser repetitivo, mas se faz necessário.

Deus como educador ambiental

Ao abrirmos a Bíblia, o primeiro versículo diz que "no princípio Deus criou os céus e a terra".

Os dois primeiros capítulos do Gênesis são dedicados a relatar como Deus foi criando todas as coisas.

Ao final do trabalho o Criador para e avalia: "E Deus viu tudo o que havia feito, e tudo havia ficado muito bom" , Genesis 1, 31.

O relato da história do povo de Israel demonstra a forte relação do povo com a terra.

Diversos relatos bíblicos mostram também que Deus em suas intervenções tem poder sobre toda a natureza.

Hoje em dia é comum ouvirmos pessoas reconhecendo a grandeza e criatividade do Deus Criador ao observarem as paisagens exuberantes espalhadas pelo planeta Terra.

Quando andamos pela praia temos um tipo de sentimento, de visão, porém quando temos a visão da mesma praia do alto de um monte, percebemos ali a presença do criador, como Deus fez um trabalho maravilhoso, impecável.

O ser humano é privilegiado com a confiança e responsabilidade que recebe de Deus.

No Novo Testamento encontramos Jesus ensinando várias vezes através de parábolas.

Muitas dessas parábolas retratam a relação do ser humano com a criação: plantas, animais, sementes, terra, colheita, etc.

Interessante notar que essas relações são de respeito, cuidado e cultivo.

Jesus considerou insensatez o grande acúmulo de bens como descrito no evangelho de Lucas 12, 16-21

"E propôs-lhe uma parábola, dizendo: A Verdade de um homem rico tinha produzido com abundância; E arrazoava ele entre si, dizendo: Que farei? Não tenho onde recolher os meus frutos.

E disse: Farei isto: Derrubarei os meus celeiros, e edificarei outros maiores, e ali recolherei todas as minhas novidades e os meus bens;E direi a minha alma: Alma, tens em depósito muitos bens para muitos anos; descansa, come, bebe e folga.

Mas Deus lhe disse: Louco! esta noite te pedirão a tua alma; e o que tens preparado, para quem será?

Assim é aquele que para si ajunta tesouros, e não é rico para com Deus".

O quanto se destrói, se aniquila de recursos naturais, por conta de um consumo exacerbado e contumaz.

Nossa sociedade não suporta mais este modelo de consumo e acumulo de riquezas e bens.

No Evangelho de João 6,12 Jesus nos mostra na prática o que fazer, depois que todos receberam o suficiente para comer, disse aos seus discípulos: "Ajuntem os pedaços que sobraram. Que nada seja desperdiçado".

A ganância e a cobiça no coração humano estão gerando conseqüências graves para a boa criação de Deus: desmatamento, o crescente aquecimento do planeta, poluição do ar, produção de lixo, paisagens sendo desfiguradas, fome e doenças.

A redenção que Jesus veio trazer à humanidade resgata também a nossa responsabilidade para com a Criação de Deus.

Nas palavras do Apóstolo Paulo aos Colossenses 1, 20, Deus enviou Seu Filho para que "por meio Dele reconciliasse consigo todas as coisas, tanto as que estão na terra quanto as que estão nos céus"

Assim, "a natureza criada aguarda, com grande expectativa, que os filhos de Deus sejam revelados" Romanos 8,19.

Somos chamados a assumir o nosso compromisso e responsabilidade de cuidar e cultivar.

Que possamos cada um cumprir a sua parte.

E quando o reino de Deus for finalmente pleno "a própria natureza criada será libertada da escravidão da decadência em que se encontra, recebendo a gloriosa liberdade dos filhos de Deus" Romanos 8

Meio Ambiente e Ecologia

Este livro tem procurado apresentar uma breve reflexão sobre os problemas ambientais do planeta, expondo-os como um resultado do descaso do homem em relação ao ecossistema, bem como de sua ganância pelo acúmulo de riquezas em detrimento dos bens naturais.

Desse modo, procuro mostrar que a responsabilidade cristã quanto à preservação do meio ambiente é algo que encontramos no próprio cerne da literatura bíblica, e que, portanto, tornou-se um legado deixado pela tradição judaico-cristã.

O livro procura discutir o posicionamento dos cristãos quanto ao cuidado do ecossistema.

As transformações pelas quais passa o planeta, muitas delas resultantes da falta de cuidado direto do homem para com o ecossistema, indicam que a relação do ser humano com o meio ambiente deixou de ser uma preocupação para tornar-se uma questão de sobrevivência.

A mídia apresenta catástrofes, calamidades, perigos presentes e futuros relacionados com a má utilização dos recursos naturais, o uso inadequado de produtos químicos e biológicos, a busca desenfreada pelo enriquecimento fácil: situações que denotam a fragilização humana diante da perda de valores, moral e ética, para com o próprio ser humano e para com o planeta.

Num contexto em que se torna claro o descaso com a preservação da água, das florestas, dos recursos naturais e do ecossistema como um todo, o cristão tem um papel relevante com relação à responsabilidade ecológica e ambiental.

O próprio Deus ordena ao homem que lavre a terra e guarde o planeta.

A preocupação cristã com o meio ambiente vai além da simples preservação ou economia de recursos, posto que, como cristãos, somos responsáveis por apresentar um evangelho vivo, capaz de renovar o ser humano, mediante ações sustentáveis de cuidado com a saúde e o meio ambiente.

O uso inadequado dos recursos naturais no decorrer dos séculos, e especialmente nas últimas décadas, aliado ao rápido crescimento da população mundial e da conseqüente necessidade de maiores quantidades de alimentos, tem gerado lixo e gases poluentes, acelerando o processo de vulnerabilidade do planeta.

A vida acha-se sobre o ataque de um novo e perigoso inimigo: a poluição ambiental criada pela incompetência sistemática na administração de nosso planeta.

A ganância industrial dizima florestas tropicais.

O constante e indiscriminado despejo de poluentes nos rios e oceanos destroem a fauna e a flora.

O ato da criação, descrito em Gênesis capítulos 1 e 2, demonstra claramente que a intenção de Deus era a de que o próprio homem cuidasse do meio ambiente, preservando a Terra, como um todo, incluindo a fauna, a flora, o ar, a água, os recursos naturais, de forma sustentável e em benefício do próprio homem.

O aquecimento global altera o clima em todo o planeta.

O excesso populacional sobrecarrega os recursos da biosfera.

O descaso com o planeta durante milhares de anos, especialmente depois da Revolução Industrial, trouxe consequências quase que irreversíveis, e que exigem uma ação imediata de todos os habitantes e, de modo específico, dos governos e do setor econômico.

Já no período pós-guerra, Albert Einstein anunciou a possibilidade de o planeta ser destruído, não por uma terceira guerra mundial, mas pelos efeitos da poluição e da ameaça nuclear.

A advertência de Einstein é observada, hoje, de forma real, na progressiva destruição das florestas, na redução da água potável e no empobrecimento da Biodiversidade, e a crescente mortandade das abelhas.

Hoje já temos no mundo sérios problemas com falta de água em diversas partes, seguindo neste ritmo sem que nada seja feito em breve milhões de pessoas sofrerão com a falta deste bem vital para o ser humano e, demais criaturas que habitam nosso planeta.

A poluição vem aumentando significativamente o aquecimento do planeta, com sérios problemas a camada de ozônio devido à emissão crescente de dióxido de carbono.

O aumento do nível do mar já é uma realidade, podendo fazer desaparecer cidades em um futuro muito próximo.

Esses fatos conduzem ao fim da humanidade, se não for revertida a situação atual.

A preocupação com os recursos naturais do planeta tem levado diversas entidades governamentais e não governamentais a que se manifestem na tentativa de evitar que o planeta tenha seus recursos exauridos e a vida na Terra se torne insustentável.

A sustentabilidade tem sido defendida como um meio de vida por muitas pessoas e entidades, deixando de ser uma "bandeira ecológica" para se tornar "a marca de uma revolução cultural e industrial".

A visão de que florestas e animais era um entrave ao desenvolvimento humano está sendo substituída pelo paradigma da preservação, e o assunto sustentabilidade tem surgido na mídia, entre estudiosos e estudantes, como plano político, como pesquisa científica, atingindo pessoas religiosas e não religiosas.

Assim, diversas ações têm sido discutidas para a preservação das matas nativas e florestas, pelo uso racional e econômico da água potável, pela pesquisa e inserção no cotidiano das energias renováveis, pela diminuição drástica da emissão de gases poluentes e de efeito estufa, pela proteção dos oceanos, na tentativa de criar uma consciência ambiental que envolva todos os cidadãos da Terra.

Pesquisas demonstram que as pessoas, em especial os jovens, estão mais conscientes de sua responsabilidade para com a preservação do meio ambiente.

Ações e movimentos ecológicos, visando o desenvolvimento sustentável, são apresentados por pessoas, escolas, universidades, empresas, igrejas, como um incentivo à educação ambiental de jovens e adultos voltada à conscientização ecológica.

A consciência de preservação do meio ambiente tem sido a tônica de muitas iniciativas governamentais e não governamentais, tais como a preservação da madeira nativa e dos recursos naturais da Amazônia.

O desmatamento de áreas de preservação para construção de moradias ou de pastagens.

A proibição do uso de produtos poluentes e de emissão de gases de efeito estufa.

A rotulagem de produtos transgênicos.

A conscientização da população com relação ao uso da água potável.

A redução do consumo de produtos plásticos ou poluentes.

A redução do uso de agrotóxicos na lavoura.

A proteção e preservação de espécies da fauna e da flora ameaçados de extinção.

A proteção de animais usados em pesquisas de laboratório ou em situações de risco.

A restrição à pesca ou caça predatória.

A reciclagem e reaproveitamento de materiais e resíduos.

A pesquisa e implantação de energias renováveis e de combustíveis de origem vegetal.

Entretanto, as ações isoladas de alguns grupos e instituições não é suficiente.

Os governos nem sempre agem em conformidade com as próprias leis que criam.

No país temos acompanhado um desmonte do governo na esfera ambiental, liberando agrotóxicos permissivos a vida e a culturas existentes, interferindo na demarcação de terras indígenas que acarretarão desmatamento, morte de animais e da biodiversidade.

A implementação e conseqüente execução das leis ambientais são, muitas vezes, dificultadas pela falta de vontade política, de definição orçamentária específica, ficando, quase sempre, no nível das multas a empresas que não cumprem uma determinada lei ambiental, que em determinados casos sequer são pagas.

Se por um lado, muito pode ser feito a partir da ação conjunta de governantes e cidadãos comuns para a preservação do planeta, por outro falta à consciência para a mudança de atitudes e de visão sobre a importância do cuidado com o meio ambiente.

Ações eficazes de preservação do meio ambiente são esperadas do governo, com relação à implementação de leis ambientais específicas, especialmente no planejamento sustentável das cidades e do ecossistema.

Contudo, não é somente do governo que se esperam atitudes concretas de cuidado com o meio ambiente.

As entidades sociais e não governamentais também devem promover ações, individuais e coletivas, com esta finalidade.

O mundo tem assistido a catástrofes envolvendo quedas de barreiras, enchentes, desabamentos de encostas, situações que demonstram que a natureza cobra o que o homem tem feito.

O lixo jogado há décadas em locais inapropriados causa emissão de gases tóxicos; a construção de casas em morros, encostas, beira de rios, provoca o deslizamento de terras, enchentes, deixando seus moradores em situação de risco de morte.

Doenças antes restritas a áreas florestais, devido ao desmatamento, chegam às cidades, trazidas por insetos ou animais transmissores.

Nesse contexto, o cristão, como participante da sociedade e habitante do planeta Terra, deve também adquirir consciência ecológica e preocupar-se com a preservação do meio ambiente.

Ao criar os Céus e a Terra e tudo o que neles existe, a posição do homem, pela ordem de Deus, foi a de lavrador e de zelador de tudo o que tinha sido criado, em especial da própria Terra, conforme descreve o relato bíblico em Gênesis 2,15.

"E tomou o Senhor Deus o homem, e o pôs no Jardim do Éden para o lavrar e o guardar".

Vejam que em várias passagens deste livro, ressalto este versículo, pois ele é fundamental para a compreensão de nossa responsabilidade perante Deus, sobre o mundo que herdamos.

Nesse sentido, o homem não deveria retirar seu sustento do fruto da terra, ou utilizar-se dos recursos naturais a seu bel prazer, mas também guardar a Terra, para que a vida continuasse tal como no princípio:

"e viu Deus que era, muito bom".

No início era difícil ao homem o cuidado com o meio ambiente, já que a terra não apresentava sinais de erosão, os frutos e ervas alimentavam todas as espécies, e a vida, animal e vegetal, era sustentada de forma natural.

Ao afirmar que o homem poderia dominar sobre tudo e todas as coisas Gn. 1, 28, Deus, porém, requereu do homem a contrapartida, ou seja, o cuidado dos recursos naturais, a atenção especial do ser humano para com animais, vegetais e minerais.

Dessa maneira, o relacionamento do homem com Deus e com o planeta estava interligado desde o princípio.

Assim, não é possível "dissociar homem e natureza".

O relacionamento íntimo entre o Criador, o homem e a natureza exige do cristão o envolvimento com o cuidado do planeta.

As leis naturais, estabelecidas pelo Supremo Criador, requerem uma atenção específica, para que a ordem com que todos os ecossistemas operam continue tendo sustentabilidade.

Essa interdependência existente nos diferentes sistemas ecológicos afeta diretamente a vida na Terra e é terra e é imprescindível à preservação do ambiente.

Na criação, Deus determinou essa inter-relação, dando ao homem o encargo do cuidado com o meio ambiente.

No entanto, a história do cristianismo traz algumas demonstrações de descaso para com o cuidado dos ecossistemas e da Terra.

Baseando-se justamente na passagem acima apresentada Gn. 1, 28, percebemos que muitas vezes, as raízes judaico-cristãs ocidentais tem culpa pela crise ecológica.

Ao não entender de forma correta o pedido de Deus, o domínio do homem sobre a terra e as outras criaturas de Deus, desfigurou-se das verdadeiras intenções do Pai e sub julgou o planeta aos terríveis momentos pelos quais atravessamos.

Com relação aos ambientalistas que se dizem sem religião a maioria acreditam que o cuidado com a ecologia, traz novas possibilidades de consagração da natureza e novas formas de espiritualidade.

Esse pensamento conduz à "retomada do panteísmo, que é a crença de que Deus é ou está em tudo".

Nesse aspecto, o ambientalismo representa uma religião e a Mãe Terra (Gaia) um deus.

Podemos afirmar que muitos cristãos no decorrer da história cristã, têm interpretado mal ou se utilizado egoisticamente da ordem divina, deixando de ver sua responsabilidade para com o meio ambiente.

Muitos acreditam que a ordem de domínio autoriza a exploração ambiental como o homem o quiser.

Outros ainda condenam os ecologistas cristãos, considerando o ambientalismo somente como uma filosofia da Nova Era.

Entendem de forma inadequada a natureza da vida, da morte e da existência futura.

Alguns também repudiam a ciência, confundindo panteísmo com ambientalismo.

E ainda há aqueles que consideram que, se Deus irá fazer novos céus e nova terra, não há porque cuidar desse planeta.

Diversas passagens bíblicas referem-se a uma nova terra como cumprimento da restauração do homem e da natureza, mediante a implantação do Reino de Deus.

A criação de uma nova terra, crença que se encontra no cerne do cristianismo, indica claramente que a Terra, tal como se apresenta, precisa ser restaurada.

Nessa terra renovada, as leis imutáveis da criação deverão ser seguidas e, novamente, o homem deverá saber cultivar, colher, cuidar.

Nesse sentido, o cristão precisa aprender a cuidar do meio ambiente, assumindo sua responsabilidade no tema.

É verdade que os cristãos esperam um novo céu e uma nova terra, mas isto não pode mascarar a necessidade de cuidar do agora, do que temos para zelar e manter.

Devemos fazer tudo o que estiver ao nosso alcance para promover um desenvolvimento sustentável.

O cristianismo se move na esperança.

A expectativa de novos céus e nova terra é um espelho da esperança cristã.

Somos peregrinos na terra.

Sendo peregrinos não nos apegaremos a terra, explorando-a como se fosse nossa última casa.

O peregrino pode cuidar da terra, desfrutar da terra e transformar a terra sem degradá-la, sem desagradar a Deus.

Há uma passagem bíblica bastante significativa que discorda da posição que muitos cristãos tomam, de que não precisam cuidar do planeta em que vivem.

Tal passagem se encontra em Apocalipse 11, 18

"tempo de destruíres os que destroem a terra".

Os que destroem a terra, nesse contexto, são os próprios seres humanos, pelo uso inadequado dos recursos naturais, pela falta de cuidado com o ecossistema e com a Criação.

Nesta passagem, chama-se a atenção para o fato de que os que destroem a terra serão destruídos.

Portanto, a subjugação e domínio da Terra, outorgados por Deus ao homem, na criação envolvem o cuidado e manutenção da mesma.

Em Isaías 45, 18, afirma-se que Deus não criou a Terra para ser um caos.

"Porque assim diz o Senhor que tem criado os céus, o Deus que formou a terra, e a fez; ele a confirmou, não a criou vazia, mas a formou para que fosse habitada: Eu sou o Senhor e não há outro"

E em outras passagens, pode-se observar a preocupação de Deus com o uso racional da Terra, como em Levítico 25, 1-7, em que o próprio Deus orienta o ano de descanso para a agricultura (seis anos de cultivo e um ano de descanso – o sábado da terra).

Também se nota a preocupação com as queimadas em Êxodo 22, 6 "Se irromper um fogo, e pegar nos espinhos, e queimar a meda de trigo, ou a seara, ou o campo, aquele que acendeu o fogo totalmente pagará o queimado".

No texto de Isaías 27, 11, é clara a responsabilidade quanto à queimada. Ali, declara o profeta: "quando os seus ramos se secam, são quebrados. Então, vêm as mulheres e lhes deitam fogo, porque este povo não é povo de entendimento; por isso, aquele que o fez não se compadecerá dele, e aquele que o formou não lhe perdoará".

Nota-se que nessa passagem de Isaías 27, Deus considera o povo que queima as pastagens e abre espaço para agricultura por meio de queimadas como povo sem entendimento.

O que dizer das pessoas nos centros urbanos que recolhem e queimam lixos?

Com certeza muitos são cristãos ou se consideram como tal, porém sem a devida compreensão da Palavra de Deus.

O cuidado com o meio ambiente é, portanto, uma exigência divina e responsabilidade de todo cristão.

Encontramos, no material bíblico, diversas passagens que apontam para essa responsabilidade.

No Salmo 24, 1, o salmista comprova.

"Do Senhor é a Terra e tudo o que nela existe, o mundo e os que nele vivem".

A responsabilidade do ser humano, em especial do conhecedor da vontade de Deus, é destacada em Provérbios 12, 10.

"O justo atenta para a vida dos seus animais, mas o coração dos perversos é cruel".

Os princípios bíblicos de domínio do homem sobre a Terra e os animais devem ser analisados no seu contexto.

Deus não cria uma natureza, um ecossistema riquíssimo, do qual declara como sendo "muito bom", para, depois, entregá-lo nas mãos dos homens e permitir que sua criação, fosse poluída, maltratada, destruída.

Assim, se Deus criou tudo perfeito, seguindo leis específicas, e ordenou o cultivo e guarda da Terra, entende-se que:

"Uma vez que Deus considerou boa a criação e a elogiou, instruindo os humanos a cuidar dela e mantê-la, e repetidamente se define como o único Criador, a exploração imprudente aparece como inadequada, insatisfatória e fora de contexto".

Nessa perspectiva, o cuidado com o meio ambiente é de responsabilidade de cada um.

Quanto menor for o impacto do homem sobre a Terra, maior será a possibilidade da sobrevivência de todas as espécies criadas por Deus.

Nesse aspecto, cuidar do meio ambiente é uma forma de honrar a Deus e o cristão, precisa estar atento para a vontade de Deus.

O ambientalismo cristão torna-se uma exigência divina, sendo de responsabilidade de cada cristão o cuidado e a manutenção da vida na Terra.

A exploração racional dos recursos e o cuidado com o meio ambiente tornam-se representativos do amor do cristão para com Deus.

Temos que ter um o estilo de vida que envolva esta responsabilidade e o cuidado com o meio ambiente, de forma individual ou coletiva.

Esta atitude tem a ver com a paz e a segurança, educação e saúde.

Tem a ver com o futuro de nossos filhos.

Tem a ver com a ética e a moralidade.

Pois este é também o reino de Deus, e é a arena na qual nossa vida está atualmente sendo moldada.

Assim, nosso estilo de vida deve se atentar pela observância das leis naturais, considerando que <u>"a preservação e a manutenção da criação estão intimamente relacionadas com o culto a Deus".</u>

Esse estilo de vida saudável envolve o desenvolvimento de bons hábitos alimentares, rejeitando alimentos que possam facilitar a debilitação do organismo.

O mesmo princípio justifica o cuidado com o meio ambiente.

Assim, é responsabilidade do cristão empenhar-se em melhorar a qualidade de vida da comunidade, buscando um desenvolvimento sustentável dos recursos naturais.

O verdadeiro progresso quanto a cuidar de nosso ambiente natural recai sobre o esforço individual e cooperativo.

Nós aceitamos o desafio de trabalhar em prol da restauração do desígnio global de Deus?

Movidos pela fé em Deus, nós nos comprometemos a promover o bem estar, nos níveis, pessoal e ambiental, que vem de pessoas integradas e dedicadas a servir a Deus e à humanidade?

O cristão deve entender que, no que concerne ao meio ambiente, a natureza é um dom de Deus, e deve ser administrada de modo fiel e produtivo.

Isso inclui observar e defender um estilo de vida simples e saudável, evitando o consumismo desenfreado e a produção de lixo de modo exagerado.

O respeito pela criação inclui a "restrição no uso dos recursos naturais, a reavaliação das necessidades e reiteração da dignidade da vida criada".

O propósito principal da criação de Deus é o amor.

Assim, na criação, Ele revela Sua glória, através das coisas criadas, e a natureza testemunha desse amor, sendo deixado ao homem o dever de povoar o mundo e a responsabilidade de cuidar, como co-participante, da obra da criação, como descreve o apóstolo Paulo, em Romanos 1, 20 <u>"Porque os atributos invisíveis de Deus, assim o seu eterno poder, como também a sua própria divindade, claramente se reconhece, desde o princípio do mundo, sendo percebidos por meio das coisas que foram criadas ".</u>

A partir da compreensão de Deus como Criador, o homem é conduzido a Ele, e através da natureza pode reconhecer as qualidades divinas, incorporando essas qualidades à sua própria vida, cumprindo o propósito para o qual foi criado.

Como imagem e semelhança de Deus, o homem foi criado com capacidade mental e espiritual, e dotado com o livre arbítrio, liberdade para amar e obedecer ou para desconfiar e desobedecer.

Desse modo, cada um pode escolher como relacionar-se com o Criador, com os outros e com o próprio meio ambiente.

A decisão de cuidar do meio ambiente, portanto, é do próprio homem.

Deus deixou a cargo da humanidade o cuidado do Jardim do Éden, que representa toda a Terra.

Assim, Ele confiou a todos os seres humanos a responsabilidade sobre Sua criação.

Quando o ambientalismo cristão é compreendido da maneira adequada, passa a fazer parte da vida do cristão, naturalmente.

A poluição, o aquecimento global, a redução da camada de ozônio, a extinção em massa das espécies, a erosão, com resultantes perdas econômicas, requerem ações concretas e responsáveis por parte dos cristãos.

Como cristãos e seguidores de Jesus de Nazaré, precisamos modificar nossa maneira de ver o mundo e, através de nossos valores e pensamentos, agir com o objetivo de buscar uma maior integração entre homem e natureza.

Com esse propósito, visando motivar os cristãos, de modo geral, a adquirir uma consciência ecológica de promoção ao desenvolvimento de um ambiente sustentável, apresenta-se algumas sugestões práticas que podem ser incorporadas no cotidiano do cristão, e de todas as pessoas, independente de credo religioso, que queiram reconhecer a importância de cuidar do meio ambiente, enquanto ainda se tem os meios e o ambiente para cuidar.

A responsabilidade ambiental engloba uma série de atividades voltadas à preservação da saúde, da natureza e da criação, e abrange o ambiente doméstico, de trabalho e social.

O ambiente também contribui para a incidência de muitas doenças infecciosas.

Devido a fatores ambientais nosso planeta está doente e os riscos ambientais e outras doenças produzidas pela poluição podem nos atingir.

Os governos, as organizações de saúde e as indústrias podem fazer muito para a solução do problema.

Mas a pergunta é o que devemos fazer como indivíduos?

Embora muitas ações dependam da vontade política dos governos, ou devam ser implantadas por indústrias e entidades diversas, algumas iniciativas devem ser implementadas pelos cidadãos, no seu cotidiano.

Devemos procurar nos informar sobre as condições ambientais da região em que vivemos.

Participar das associações civis relacionadas a ações de melhoria do ambiente e da vizinhança.

Rever hábitos e costumes quanto ao uso racional da água.

Lavar o carro usando balde, e não mangueira.

Realizar coleta seletiva do lixo, separando-o em locais específicos.

Não deixar o lixo na calçada, para evitar que se espalhe e atraia roedores e insetos transmissores de doenças.

Não jogar restos de entulho nas ruas ou no fundo do quintal, para não servir de depósito de animais nocivos ou ser carregado pela chuva, entupindo bueiros.

Manter o terreno limpo.

Economizar energia elétrica.

Não abusar do som do veículo, pois poluição sonora também agride o meio ambiente.

Reaproveitar sobras de comida, retalhos e roupas, para si ou para doação.

Ser um bom administrador do meio ambiente.

Boa administração significa que não devemos explorar seus recursos descuidadamente, nem criarmos desequilíbrios ambientais que causem riscos à vida e à saúde.

Observar princípios sadios de higiene.

Perfeito asseio, luz solar, cuidadosa atenção às condições sanitárias em todos os detalhes da vida doméstica, são essenciais à prevenção das moléstias e ao contentamento e vigor dos moradores do lar.

Usar métodos de prevenção simples, como lavar as mãos com sabão e água reduz o risco de transmissão de doenças contagiosas.

A limpeza da casa, dentro e fora, das roupas de cama, a ventilação, a contenção de mosquitos por meio de telas, são medidas possíveis à grande maioria das pessoas.

Manter limpos os vasos, arredores da casa e o quintal, para que não sirvam de coletores de água, evitando a proliferação de mosquitos transmissores de doenças e demais insetos nocivos.

Desenvolver bons hábitos alimentares e técnicas saudáveis de cozimento, evitando contaminação dos alimentos e maior qualidade de vida.

Examinar o local de trabalho para eliminar riscos potenciais ao meio ambiente, proporcionando maior segurança ao ambiente de trabalho.

Essas sugestões servem para ilustrar as muitas possibilidades à disposição de todos, para melhor cuidar do meio ambiente.

O cenário mundial contemporâneo exige uma responsabilidade maior com relação ao cuidado do meio ambiente, mediante a realização de ações sustentáveis, ética e politicamente corretas.

Nesse contexto, é dever de todo cristão não apenas agir pessoalmente, mas conscientizar aos demais da importância do cuidado com o ecossistema, de forma efetiva.

A restauração do meio ambiente, de forma responsável e sustentável, está diretamente relacionada com a restauração do vínculo do próprio homem com Deus e seu relacionamento com o próximo.

Assim, ações de cuidado com o meio ambiente podem ser realizadas por todas as pessoas.

Natureza na Bíblia

Tudo começou com Ele, "No princípio Deus criou o céu e a terra".

Gn 1,1 Tudo foi criado por Ele "Todas as coisas foram feitas por intermédio dele; sem ele, nada do que existe teria sido feito".

João 1,3 Tudo segundo a vontade Dele "Cubra-se a terra de vegetação: plantas que dêem sementes e árvores cujos frutos produzam sementes de acordo com as suas espécies".

E assim foi. A terra fez brotar a vegetação: plantas que dão sementes de acordo com as suas espécies, e árvores cujos frutos produzem sementes de acordo com as suas espécies.

E Deus viu que ficou bom.

Gênesis 1,11-12, Então disse Deus:

"Façamos o homem à nossa imagem, conforme a nossa semelhança. Domine ele sobre os peixes do mar, sobre as aves do céu, sobre os grandes animais de toda a terra e sobre todos os pequenos animais que se movem rente ao chão".

Criou Deus o homem à sua imagem, à imagem de Deus o criou; homem e mulher os criou. Deus os abençoou e lhes disse:

"Sejam férteis e multipliquem-se! Encham e subjuguem a terra! Dominem sobre os peixes do mar, sobre as aves do céu e sobre todos os animais que se movem pela terra".

Disse Deus:

"Eis que dou a vocês todas as plantas que nascem em toda a terra e produzem sementes, e todas as árvores que dão frutos com sementes. Elas servirão de alimento para vocês. E dou todos os vegetais como alimento a tudo o que tem em si fôlego de vida: a todos os grandes animais da terra, a todas as aves do céu e a todas as criaturas que se movem rente ao chão". E assim foi. Gênesis 1,26-30

Todos os animais da terra tremerão de medo diante de vocês: os animais selvagens, as aves do céu, as criaturas que se movem rente ao chão e os peixes do mar; eles estão entregues em suas mãos.

Tudo o que vive e se move servirá de alimento para vocês.

Assim como dei a vocês os vegetais, agora dou todas as coisas.

Gênesis 9,2-3 Ele se levantou, repreendeu o vento e disse ao mar: "Aquiete-se! Acalme-se!"

O vento se aquietou, e fez-se completa bonança.

Então perguntou aos seus discípulos:

"Por que vocês estão com tanto medo? Ainda não têm fé?"

Eles estavam apavorados e perguntavam uns aos outros:

"Quem é este que até o vento e o mar lhe obedecem?"

Marcos 4, 39-41

"Regozijem-se os céus e exulte a terra! Ressoe o mar e tudo o que nele existe! Regozijem-se os campos e tudo o que neles há! Cantem de alegria todas às árvores da floresta". Salmo 96,11-12

"Os céus declaram a glória de Deus; O firmamento proclama a obra das suas mãos". Salmos 19,1

"Os animais do campo me honrarão, os chacais e as corujas, porque fornecerei água no desertoe riachos no ermo, para dar de beber a meu povo, meu escolhido" Isaías 43,20

"Quem mediu as águas na concha da mão, ou com o palmo definiu os limites dos céus? Quem jamais calculou o peso da terra,ou pesou os montes na balança e as colinas nos seus pratos?" Isaías 40:12

"Aquele que fez as Plêiades e o Órion; que faz da escuridão, alvorada; e do dia, noite escura; que chama as águas do mar e as espalha sobre a face da terra;Senhor é o seu nome". Amós 5:8

"Só ele estende os céus e anda sobre as ondas do mar. Ele é o Criador da Ursa e do Órion, das Plêiades e das constelações do sul". Jó 9:8-9

"Você pode amarrar as lindas Plêiades? Pode afrouxar as cordas do Órion? Pode fazer surgir no tempo certo as constelações ou fazer sair a Ursa com seus filhotes? Você conhece as leis dos céus?Você pode determinar o domínio de Deus sobre a terra?" Jó 38, 31-33

E ao homem declarou: "Visto que você deu ouvidos à sua mulher e comeu do fruto da árvore da qual ordenei a você que não comesse, maldita é a terra por sua causa com sofrimento você se alimentará dela todos os dias da sua vida. Ela lhe dará espinhos e ervas daninhas, e você terá que alimentar-se das plantas do campo. Com o suor do seu rosto você comerá o seu pão, atéque volte à terra, visto que dela foi tirado; porque você é pó, e ao pó voltará". Gênesis 3, 17-19

"A natureza criada aguarda, com grande expectativa, que os filhos de Deus sejam revelados. Pois ela foi submetida à inutilidade, não pela sua própria escolha, mas por causa da vontade daquele que a sujeitou, na esperança de que a própria natureza criada será libertada da escravidão da decadência em que se encontra,recebendo a gloriosa liberdade dos filhos de Deus. Sabemos que toda a natureza criada geme até agora, como em dores de parto". Romanos 8, 19-20.

"Pergunte, porém, aos animais, e eles o ensinarão,ou às aves do céu, e elas contarão a você; fale com a terra, e ela o instruirá, deixe que os peixes do mar o informem. Quem de todos eles ignora que a mão do Senhor fez isso? Em sua mão está a vida de cada criatura e o fôlego de toda a humanidade."Jó 12,7-10

A voz de Deus troveja maravilhosamente; ele faz coisas grandiosas, acima do nosso entendimento. Ele diz à neve:

"Caia sobre a terra', e à chuva: 'Seja um forte aguaceiro".

Ele paralisa o trabalho de cada homem, a fim de que todos os que ele criou conheçam a sua obra.

Os animais vão para os seus esconderijos e ficam nas suas tocas.

A tempestade sai da sua câmara, e dos ventos vem o frio.

O sopro de Deus produz gelo, e as vastas águas se congelam.

Também carrega de umidade as nuvens, e entre elas espalha os seus relâmpagos.

Ele as faz girar, circulando sobre a superfície de toda a terra, para fazerem tudo o que ele lhes ordenar". Jó 37, 5-12

"É você que caça a presa para a leoa e satisfaz a fome dos leões quando se agacham em suas tocas ou ficam à espreita no matagal? Quem dá alimento aos corvos quando os seus filhotes clamam a Deus e vagueiam por falta de comida?" Jó 38, 39-41

"Do Senhor é a terra e tudo o que nela existe,o mundo e os que nele vivem",Salmos 24:1

"Os céus são teus, e tua também é a terra; fundaste o mundo e tudo o que nele existe. Tu criaste o Norte e o Sul; o Tabor e o Hermom cantam de alegria pelo teu nome". Salmos 89, 11-12

"Nas suas mãos estão as profundezas da terra, os cumes dos montes lhe pertencem. Dele também é o mar, pois ele o fez; as suas mãos formaram a terra seca". Salmos 95, 4-5

"Gerações vêm e gerações vão, mas a terra permanece para sempre. O sol se levanta e o sol se põe e depressa volta ao lugar de onde se levanta. O vento sopra para o sul e vira para o norte; dá voltas e voltas, seguindo sempre o seu curso. Todos os rios vão para o mar, contudo, o mar nunca se enche; ainda que sempre corram para lá, para lá voltam a correr".
Eclesiastes 1, 4-7

"Observem as aves do céu: não semeiam nem colhem nem armazenam em celeiros; contudo, o Pai celestial as alimenta. Não têm vocês muito mais valor do que elas? Quem de vocês, por mais que se preocupe, pode acrescentar uma hora que seja à sua vida? "Por que vocês se preocupam com roupas? Vejam como crescem os lírios do campo. Eles não trabalham nem tecem. Contudo, eu digo que nem Salomão, em todo o seu esplendor, vestiu-se como um deles. Se Deus veste assim a erva do campo, que hoje existe e amanhã é lançada ao fogo, não vestirá muito mais a vocês,homens de pequena fé?" Mateus 6, 26-30

"Como toda mãe, animal ou ser humano, o seu instinto maior é proteger os filhos, nem que para isso perca a própria vida". João 6, 12

Depois que todos receberam o suficiente para comer, disse aos seus discípulos: "Ajuntem os pedaços que sobraram. Que nada seja desperdiçado".

"Não basta que comam em boa pastagem? Deverão vocês também pisotear o restante da pastagem? Não basta que bebam água límpida? Deverão vocês também enlamear o restante com os pés?"

Em Deuteronômio 4, 39, podemos perceber que só Deus é o Senhor:

"Reconheçam isso hoje, e ponham no coração que o Senhor é Deus em cima nos céus e embaixo na terra. Não há nenhum outro".

O mundo que Ele criou é perfeito, nós é que não cuidamos direito.

A Palavra que Ele revelou é Perfeita, nós que a interpretamos de outra forma.

Todas as Suas obras são perfeitas, todos os Seus caminhos são perfeitos, e a Vontade de Deus é perfeita.

Criamos uma sociedade totalmente fora da planejada por Deus, não levamos em conta os fatores básicos da sobrevivência dos mais pobres nem da estrutura mínima de futuro.

Cuidar da nossa casa maior, pensando em um projeto amplo, que contemple vida com dignidade e respeito a todos e todas.

Que permita que novas gerações possam ter a possibilidade de dar continuidade a criação de Deus.

Que nossa visão de futuro, contemple diminuir o desperdício de alimentos, de recursos naturais com políticas de reciclagem, reutilização, reaproveitamento e reuso.

Enfim, que possamos cuidar mais uns dos outros no sentido bom do cuidar, ter uma qualidade de vida mais eficaz, ter valores que levem em conta todas as vertentes do ser humano, da natureza e que Deus possa ser o centro de nossas vidas.

Printed by Books on Demand GmbH, Norderstedt / Germany